인생은 음악처럼

인생은 음악처럼

이든시인선 164

이선희 시조집

이든북

시인의 말

 노을 물드는 서쪽 하늘에서 불어오는 하늬바람아 쉬어가라, 내 머릿칼 하얗게 날리기 시작하는 언덕마루에 고목의자를 놓는다.
 하늬바람의 등에 실려 고개 숙인 시조와의 인연이 새롭구나, 내공이 없던 나에게 그리 쉽지만은 않았다.
 처음엔 척박한 심전(心田)에 글씨를 뿌려놓고 시나브로 가꾸면서 교감을 했지만 감성은 따라 주지 않았고 쉽사리 깊은 잠에서 깨어 날 줄 모르는 시어들은 나를 실망시킬 뿐 아니라 수시로 내 맘을 약하게 하기도 했다.
 그럴 때 마다 마음 한켠에서는 칼을 뽑았으면 무라도 베어봐야 하지 않겠느냐 하는 결기가 일었다.

 우리 한글 시조를 유네스코 세계문화 유산으로 등록시키려는 시조시인들의 노력이 크신 걸로 알고 있다.
 또한 내 개인으로는 대자연과 온갖 우주 만물과 자유로이 교감하면서 시공간의 여백을 채워가는 여정의 동반자가 바로 시조가 아닌가 생각한다.

내가 여기까지 오는데 교수님과 토방 동인들의 은덕이 크다.
첫 시조집을 세상에 내놓으면서 깊은 감사를 드린다.
또한 글을 쓸 수 있도록 음양으로 성원해준 우리 가족에게도 고마움을 표한다.
여러모로 많이 미흡한 첫 시조집을 상재하면서 부끄러움 감출 길 없지만 앞으로 더욱더 노력하는 시조시인이 될 것을 다짐하는 것으로 인사말씀에 가름한다.

가을로 가는 길. 2025년

| 차 례 |

시인의 말 ·················· 4

제1부 풀어내자 꽃물결

매화 ················ 15
개나리꽃 ················ 16
홍매화 ················ 17
붉은 공작선인장 ················ 18
꽃들의 향연 ················ 19
봄비 ················ 20
꽃이 좋아 ················ 21
추억의 아카시아꽃 ················ 22
이팝꽃 축제 ················ 23
꽃들의 운동회 ················ 24
수양버들 ················ 25
고목에 핀 꽃 ················ 26
일편단심 민들레 ················ 27
목련화 ················ 28
우수 ················ 29
달빛탑 ················ 30
진달래 피던 고향 ················ 31
수유의 칠덕 ················ 32

제2부 향수의 기척

매미 허물	··························	35
칠월의 꽃	··························	36
봄날은 간다	··························	37
의리의 덩굴장미	··························	38
금계국	··························	39
7월의 신록	··························	40
배롱나무꽃	··························	41
향수의 기척	··························	42
추억의 반닛불	··························	43
천둥과 비	··························	44
낙화 이후	··························	45
하지	··························	46
기생초	··························	47
무주 구천동	··························	48
애호박	··························	49
호접난의 열정	··························	50
낙화	··························	51
산	··························	52

제3부 10월의 미학

갈대꽃 ············ 55
만추 ············ 56
가을 갑사 ············ 57
연자 ············ 58
가을 달밤 ············ 59
은행잎 ············ 60
가을 산행 ············ 61
굿뜨래 코스모스 ············ 62
구월의 귀빈 ············ 63
갈대의 일생 ············ 64
가을 서정 ············ 65
10월의 미학 ············ 66
황홀한 노년 ············ 67
그리움 ············ 68
참새 ············ 69
한가위 보름달 ············ 70
가을 붓질 ············ 71
대전풍경 ············ 72

제4부 12월을 보내며

초승달 ························· 75
백제용봉대향로 ············ 76
도시 참새 ······················ 77
미명의 붕어빵 ··············· 78
겨울 연가 ······················ 79
2023년 소환 ·················· 80
우리집 호접란 ··············· 81
빈둥지 ·························· 82
유등천 겨울 냇가 ·········· 83
송구영신 ······················ 84
이국에서의 조우 ··········· 85
입춘 ····························· 86
12월을 보내며 ··············· 87
장자도 호떡 ·················· 88
겨울의 길목에서 ··········· 89
겨울눈의 심경 ··············· 90
겨울나무 단상 ··············· 91
귀향의 사계 ·················· 92
송년의 아쉬움 ··············· 94

제5부 세월이 하는 말

송림 산림욕장 ·················· 97
초록마을 데크 길 ·················· 98
부여 팔경 예찬 ·················· 99
여명 ·················· 100
그리운 시절 ·················· 101
음풍농월의 인생 ·················· 102
아버지의 원두막 ·················· 103
희망의 송가 ·················· 104
세월이 하는 말 ·················· 105
초등 동창 만남 ·················· 106
보릿고개 ·················· 107
정월보름 풍속 ·················· 108
인생은 음악처럼 ·················· 109
별빛 같은 내 친구 ·················· 110
시조의 날개 ·················· 111
뿌리공원 ·················· 112

제6부 낮에 나온 반달

낮달 115
섶다리 116
까마귀의 하소연 117
외연도 118
추억의 장항제련소 119
토종닭의 하소연 120
낮에 나온 반달 121
백로의 고민 122
답징호 가는 길 123
백로와 까마귀 124
선물 125
유등천 경사났네 126
고란사 127
가신 님의 여운 128
정지용 생가에서 130
추억의 동화나라 131

작품해설 | 박헌오/꽃과 음악과 인생의 앙상블 ... 132

1부

풀어내자 꽃물결

매화

매서운 꽃샘바람
시기 질투 판을 쳐도

은은한 향피리를
연주하는 봄 처녀

봄 편지 한 아름 안고
단숨에 달려온다

작은 얼굴 노랑머리
선수 친 산수유 아씨

곁에서 기다렸다
잔설을 쓸어준다

한배 탄 우리들의 꿈
꽃물결로 풀어내자.

개나리꽃

잔설이 숨어있는

자드락길 외진 곳에

조막손 활짝 펴고

봄노래 연주한다

숨차게 달려온 진달래

끼워 달라 헉헉댄다.

홍매화

빨갛게 상기되어 세상 밖에 나온 처자
그 무슨 사연 있어 그토록 붉어졌나
벌 나비 품에 안으려
붉게 타는 홍매 아씨.

하얀 미소 앙증맞은 친구들이 떠나는데
담장 밑 한구석에 숨어 웃는 봄 처녀
춘삼월 두근대는 여백
채워주는 춘흥이다.

붉은 공작선인장

밤 사이 베란다에 붉은 달이 떠 있다
어느 님 참한 정을 받아먹고 뜬 달인지
공작새
꼬리를 편 듯
섧도록 찬연하다.

수많은 날 정기 모아 피워 올린 사랑인데
이틀을 못 버티고 처연히 숙인 고개
해거름
아쉬워하며
화안시로 보시한다.

*2021년 부처님오신날 (음 4월 8일)

꽃들의 향연

잠자는 가슴 열어
새 희망 심어주고

명품의 화폭으로
펼쳐놓은 구곡 병풍

연인들 고운 손 잡고
예쁜 하트 날린다.

가끔씩 날개 젓는
벌 나비들 여유로움

어느 임에 정을 줄까
미혹에 빠진 행복

단심은 사치라면서
항사바람 해방한다.

봄비

메마른 가지 끝에 수줍게 미소 짓는
새봄 아씨 작은 볼에 애무하는 은방울
혹여나 귀한 몸 다칠까
숨죽이며 오는 손님.

가지마다 영롱한 수정으로 다가와서
연녹색 새아기들 출산의 윤활유로
에너지 가득 채워주는
보약 같은 귀빈이다.

꽃이 좋아

꽃 꽃 꽃 바라보면
차오르는 황홀함

세상 근심 날려주는
최상의 화안 보시

너에게 빠진 내 영혼
세월일랑 기다려라

속상한 일 헛헛한 일
엄습해 오다가도

너를 보는 순간만은
멈칫 서서 미소짓다

인생에 화양연화도
꽃 없이는 블랙홀.

추억의 아카시아꽃

내 고향 성황당 고개

나지막한 숲길에는

하얀 피부 고운 향기

꿀주머니 주렁주렁

등굣길 발길을 잡던

먼 옛날의 향수길.

이팝꽃 축제

유등천 물안개로

고슬고슬 지은 쌀밥

초록마을 소복소복

쌀밥 잔치 벌어졌네

춘궁기 걱정이 없다

풍년이 흐드러졌네.

꽃들의 운동회

아낙네 치맛자락
봄바람 출렁이고

북풍에 울던 가지
고운 속살 틔워대니

산하에 윤회의 꽃물
해후하는 봄 처녀들.

자연의 순리 따라
순번 지켜 열던 가슴

성질이 급해졌나
인내심의 한계인가

연달아 터트리는 함성
꽃 선수들 운동회.

수양버들

한평생 수양하며

고개 숙인 겸양지덕

춘삼월 냉기에도

여린 잎 꽃을 틔워

연녹색

엽서에 실린

봄의 전령 도착했다

고목에 핀 꽃

세월의 흔적이 묻어나는 아름드리
세파에 휘둘린 듯 한쪽 팔이 잘렸어도
청순함 잃지 않는 미소
송알송알 굳센 정기.

몸은 늙어 황혼 길을 달려가고 있지만
마음만은 청춘인 듯 가지마다 꽃을 품고
묵어야 열매가 달다는
테미공원 황혼 벚꽃.

일편단심 민들레

난쟁이 꽃이라고
짓밟지 말아 주오

정조만은 그 누구도
날 따를 자 없지 않소

태고 적 공녀로 끌려가
성은 품은 넋이라오

행여나 그대 발길
닿을까 숨죽이며

시골집 사립문 앞
서성이는 하얀 옷깃

노년은
홀씨 아닌 솜 나무
그대 곁에 이불 되리.

목련화

도심 속 울담 밑에
절세가인 목련 아씨

엄동설한 삭풍에도
수양하며 가꾼 미모

삭막한 새봄 길목에
함박웃음 찬연하다.

불타던 그 정념도
순결함도 강인함도

시공간에 잠시 잊고
아쉬움에 타는 가슴

하얗게 멍이 든 소망
땅바닥을 치고 있다.

우수

겨울을 밀어내고
새봄을 재촉하는

겨울비 추적추적
언 가슴에 흩뿌린다

대동강 얼음 녹이는
봄의 전령 곁에 온다

성급한 마중물이
온 누리에 보슬보슬

고대하던 봄 처녀들
여민 가슴 빼꼼 열고

임께서 오시는 날엔
고름 살짝 푼다오.

달빛탑

꽃바람 살랑살랑 출렁이는 처녀 가슴
꿈속에서 그리던 님 꽃길 따라 오시려나
뒷동산 보름달 뜨면
임 오신 긴 밤 품다

애꿎은 진달래꽃 한 아름 꺾어 들고
오지 않는 그대 품에 고이 안겨 드린다고
성황당 영마루에서
달빛탑만 쌓고 있다

진달래 피던 고향

부엉이 목청 높여 밤새도록 울어주고
진달래 피는 언덕 뭇새들의 음악 콩쿨
자연이 일궈 놓은 꽃밭
무상으로 누렸다.

지천으로 피는 꽃은 부끄럼도 없으려니
종달새 지지배배 진달래 향 물고가면
보리밭 산꿩 포란 둥지
노랑 물이 살금 든다.

수유의 칠덕

낮은 곳나 고수하는
겸양지덕 겸손함

막히면 여유롭게
돌아갈 줄 아는 지혜

오물들 기꺼이 품는
대인배의 포용력.

바위도 뚫는 인내
투신하는 폭포 용기

크고 작은 그릇마다
안겨주는 융통성

온갖 것 다 받아 안는
해볼 양수 수유칠덕

2부

향수의 기척

매미 허물

육체도 영혼도 다 빼주고 남은 허물
무슨 미련 남아있어 고목을 잡고 있나
네게서 나간 영혼은
여름 축제 성황인다

비바람 몰아쳐도 움켜쥔 손 놓지 않고
하릴없이 무상세계 헤매는 너의 허상
제 영혼 생존할 때까지
묵언수행 애처롭다.

칠월의 꽃
—연꽃

진흙탕 장맛비도 숙명인 듯 품어 안고
부소산 솔바람과 뜨건 햇살 머리 이고
관광객 환대에 바쁜
강인한 칠월 미인.

백제 도읍 궁남지에 함초롬히 뿌리내려
망국의 슬픈 한을 미소 뒤에 숨겨놓고
성하에 폭염 식히는
칠월의 꽃 연화 아씨.

봄날은 간다

매서운 눈보라도
아랑곳하지 않고

뒤질새라 허겁지겁
가슴 열던 봄 처녀들

그 곱던 치맛자락들
어이 던져 버렸는가.

여름을 재촉하는
높새바람 밀고 드니

연둣빛 연미복은
칙칙하게 갈변하고

봄 지킨 아카시아꽃
눈물지며 떠나가네.

의리의 덩굴장미

돌담이 등 떠밀고

곡예를 재촉해도

기꺼이 지키려는

오월의 여왕 둥지

비취색 연미복 왕자

손을 잡고 담을 탄다

금계국

버드내 노랑꽃들
바람난 군무일래

해거름 바쁜 석양
노을빛 머리이고

향수를 듬뿍 뿌리고
임 그리는 꽃 소녀들.

봄날의 실루엣은
윤곽을 잃어가고

삭막한 대지에는
잡풀들 세상인데

샛노란 가슴을 열고
선도하는 꽃길 성하.

7월의 신록

삼복을 등에 업고
넘어가는 세월고개

자연의 순리 따라
울창해진 초록의 길

녹음이 일렁이는 능선
백두대간 여여하다.

계곡을 내려오는
탁발승의 목탁소리

아스팔트 녹는 열기
솔바람과 식히면서

상큼한 피톤치드까지
보시하고 떠나간다.

배롱나무꽃

찐 더위 공원 한켠 우아한 죽선(竹扇)아씨
벌 나비 안식처로 넓은 가슴 내어주고
다른 꽃 피서를 보내고
홀로 환히 뜰 지킨다

한낮의 불덩이도 미소로 받아 이고
폭염에 달군 얼굴 별빛에 씻으면서
백일을 펼친 치마폭
색바람에 여민다.

향수의 기척
―뻐꾹새

서산과 노을이 한 몸 되어 애무할쯤
초록의 물결 타고 처연히 귀에 젖는
옛 고향 숲속의 전속 가수
도심으로 영전했나.

탁란의 불명예도 애교로 보아주고
명랑한 꾀꼬리와 라이벌인 시골 가수
여름내 노래만 부르다
이슬 먹고 사는 백수.

코와 입 막고 사는 코로나 시대에도
나무를 타고 올라 마스크 내던지고
마음껏 부르는 소야곡
실향민을 위무한다.

추억의 반딧불

여름밤 칠흑 속에 춤을 추던 작은 별들
시골 밤 오솔길을 희미하게 밝힌 불빛
호기심 가득했던 유년
신기루의 개똥별.

하천과 습지에서 서식하며 빛을 내는
형광의 작은 불빛 소박한 개똥벌레
꽁무니 발광기 일어
축포처럼 태웠다.

천등과 비

간밤에 뜬금없이

포효하는 하늘길

먹구름 울며 가고

별들도 숨었는데

귀먹은 가로등 불만

미동 없이 졸고 있다.

낙화 이후

우주를 뒤흔들고

임 찾아 떠난 자리

해님 달님 어루만져

틔워낸 연두 숨결

초록빛 비단옷으로

집성촌을 이뤘다.

하지

온종일 품어주는
백야의 뜨거운 품

불 꺼진 남극의 밤
수평선도 쪽잠 자는

태양절 신비로운 변신
내 생애의 기점이다

햇살을 달달 볶아
항아리에 담아 논 날

멀어졌던 두 마음
다시 손을 맞잡고

삼복도 마다않는 열애
화촉동방 차린다.

기생초

물바람 싱그러운

노랑 물결 천변길

작은 얼굴 속눈썹이

매력적인 꽃 그미

삼복을 미소로 날리는

기생초는 요염하다.

무주 구천동

덕유산 넓은 가슴
굽이굽이 품은 물길

구절양장 깊은 계곡
속살대는 장류수

간간이
소복 날리며
떨어지는 칠연폭포.

겹겹이 닫힌 맘을
대자연에 풀어내고

짙푸른 청정무구
소금강에 취한 하루

가지 끝
날개 접은 새
갈길 잊고 꿈꾼다.

애호박

그 누가 나를 놓고 추녀에 비하는가
이 몸매 가꾸느라 배 한번 못 채우고
투명한
결박 속에서 미녀 수업 고달팠다.

희뿌연 감옥 탈출 상큼한 하늘 바람
피부는 반들반들 군살 없는 늘씬한 몸
혹여나
미인대회 열릴까 희망에 부풀었지.

큰 차에 몸을 싣고 난생처음 나들이 길
콧바람 부푼 풍선 한순간에 나락이다.
음침한
시장 좌판에 칼날이 번뜩인다.

호접난의 열정

올 설날 첫 미소로 세배한 귀염둥이
영롱한 그 눈빛 반년이 코앞인데
임 없는
거실 창가에
체념한 듯 불태운다.

화무는 십일홍이 난무한 지 오랜 세월
달나라 가는 세상 우린들 못 변할까
입술을
깨무는 열정
사차원의 명물이다.

낙화

한 계절 애무하던

사랑이 가고 있다

황홀했던 뒤안길에

체념을 흩뿌리고

가야 할 그대 발길에

고운 이별 드리리.

산

무수한 자원들이
숨을 쉬는 옥토비경

지줄대는 산새소리
수런대는 꽃들 향연

천년을 불사하는 송림
명불허전 금수강산.

사계절 고운 패션
바다건너 날개 펴니

우리 경제 덩달아서
세계정상 코앞이다

대한에 젖줄 백두대간
푸른 절개 장엄하다.

3부

10월의 미학

갈대꽃

봄 찾아 가시는 임

날 보고 웃지 마소

북풍에 헝클어져

행색은 초라해도

여문 씨 멀리 띄우려

마른 손을 흔든다오.

만추

풋풋한 젊음 가고
서산에 걸린 노을

해님의 애정 담고
바람의 정기 받아

한 생을 꽃피운 열정
숨 가쁜 말년이다.

샛노란 은행잎도
정처 없이 길 떠나네

고운 옷 지어주던
장인도 지친 모습

마지막 불태운 사랑
죽어도 여한 없다.

가을 갑사

금 닭이 알을 품고 용이 날아 승천하는
무학 대사 풍수지리 계룡산이 품은 사찰
승병(僧兵)들 몸 바쳐 싸워
호국사찰 명성 높다.

만추의 활활 타는 추 계룡산 추갑사(秋甲寺)에
문화유산 보존 활동 열린 행사 다채롭다
세종왕 월인천강지곡
그침 없이 흐른다.

연자

고고한 어미 품에

수양하며 맺은 열매

끈기와 인내심은

천년을 불사하고

진흙탕 개천에서 난

연씨 가문 천년 귀자.

*연자 : 5백년 천년을 묵혀도 싹을 틔운다고 한다. 합니다.

가을 달밤

칠흑의 온 누리를
미소로 씻어내고

적막을 등에 업고
삼라만상 품어주면

휘영청 밝은 달 아래
나래 치는 그리움.

풀벌레도 임 그리워
목청 높여 흘리는 밤

찬 이슬 머금은 채
유리창 밖 서성이다

홀연히 돌아서는 모습
헛헛함을 공감한다.

은행잎

천년을 살 것 같은

견고한 너의 자태

점 하나도 허용 않는

청순한 피부 미인

아직도 못 다한 얘기

노란 가슴 물들였다.

가을 산행

구만리 하늘길은
드높이 비어있고

가풀막 자드락길
만산홍엽 잔치인데

다람쥐 청설모 관객
월동준비 여념 없다.

가멸찬 가을 산정
비옥한 우리 향토

굶주린 야생동물
배 채우는 자연 곡창

알알이 농익은 열매들
가지마다 여유롭다.

굿뜨래 코스모스

해거름 바쁜 석양
햇살 더욱 찬란하고

진양조로 흐르는 강
나래치는 은빛 윤슬

청순한
꽃들의 향연
잠시 뺏긴 나의 혼

* 백마강 변 코스모스 정원에서(2022.10.22.)

구월의 귀빈

우주를 달구었던

염천의 불청객을

신선한 입김으로

순아순아 잠재우고

벽공에 드리운 먹구름

눈짓으로 쫓아낸다.

갈대의 일생

천변에 둥지 틀고 뭇 새들 품어주며
흉흉한 루머에도 뚝심을 잃지 않고
흰 머리 휘날릴 그날 위해
질주하는 푸른 기상.

하늘을 찌를 듯이 장성하는 자식 옆에
피골은 상접한데 지키려는 무상의 정
온몸에 피가 다 소진하면
기척없이 떠난다.

가을 서정

청량한 산들바람
감미롭게 애무하고

넓으신 해님 품에
넘실대는 황금물결

가을은 오곡백과 창고
우리 땅 유토피아.

깊어가는 이 가을
높이도 비인 벽공

온 산천 만산홍엽
와글와글 잔치인데

갈잎은 미로를 따라
열반을 준비한다.

10월의 미학

산천에 한땀 한땀
수놓은 세월 여백

풋풋했던 푸른 정기
농익은 정념으로

시월엔 사랑의 파수꾼
잠든 영혼 깨워준다.

낙조에 고운 물결
여한 없는 황혼 녘

비탈진 응달길에
휘휘하게 버려져도

뒤안길 황홀한 광음
꿈길 같은 단풍 인생.

황홀한 노년
− 단풍

해님은 입맞추고

바람은 애무하고

무지개 오색 다리

황금빛 나의 노년

비워야 아름답기에

잔고 없이 떠나련다.

그리움

휘영청 밝은 달밤
삼라만상 꿈길인데

창문 밖 서성이는
갈바람과 한맘 되어

단잠을 교란시키는
투명한 너의 영혼.

갈잎이 춤을 추는
산 위에 올라와서

빨주노초 오색엽서에
그립단 말 가득 담아

메아리 등 떠밀어서
그대 창에 띄우리라.

참새

농부들 원수였던 배불데기 시골 참새
황금물결 살금살금 나락들과 입 맞추면
귀신이 곡을 하듯이
감쪽같이 숨어든다.

수시로 몰려오는 새들과의 전쟁이다
외따른 새막에서 새 줄에 분풀이하면
허수는 춤만 덩실덩실
빈 깡통만 애닳는다.

한가위 보름달

구름이 깔린 길에 휘영청 밝은 달님
눈썹만 한 작은 얼굴 보톡소로 채웠나
보름달 밤낮으로 가꿔
절세가인 되었네.

조상님 오시는 길 온몸으로 밝히시니
요단강 가시밭길 꽃길인 듯 가벼웁고
영령이 동행하는 밤
구만리도 구십 리라.

가을 붓질

설악에 첫 점 찍고

한라에 마무리한

산하를 휘달려온

운필의 가뿐 숨결

물결쳐 번져온 화폭

가을은 산수화 달인.

대전풍경

계족산 볕 붉은 닭

홰치며 새벽 열면

저만치 보문산

보물 문체 하품하고

청계수 흰옷 흐늘대며

음이온을 뿜어낸다.

4부

12월을 보내며

초승달

초겨울 서산머리
산뜻한 고운 아미

사방에 땅거미가
살금살금 기어가고

구름을 벗어난 하늘
갓 시작한 아기 걸음.

백제용봉대향로

수백 년 어둠 속에
수행하던 백제 명물

백마강 흐르는 물에
슬픈 앙금 씻어내고

후손들 가슴에 안기니
애절하고 찬연하다.

백제의 혼을 담고
세계 향한 날갯짓

음양의 조화로움
신선 세계 꽃이 피고

봉황은 용 등에 업혀
지구촌을 넘나든다.

도시 참새

포근히 감싸주는
갈대숲 들락날락

마른 젖 빨아대며
착각 속에 지낸 설한

그 어떤 고대광실도
부럽잖은 도시 참새.

미명의 붕어빵

인적이 뜸한 곳에
초미니 하우스

넓은 강 마다하고
따뜻한 불판 위에

바삭한 몸으로 변신
착각한 붕어 운명.

세상을 몰랐으니
누구를 원망하랴

눈물을 머금은 채
방생하는 붕어 사업

어설픈 포장마차에
문전성시 이룬다.

겨울 연가

살을 에는 북풍한설
민낯을 후려대도

입술을 앙다문 채
미녀 수업 애처롭다

임 만날
꿈에 부풀어
잠을 설친 목련 아씨.

2023년 소한

계묘년 소한 날은
유난히 포근하다

먼 산에 아지랑이
봄소식을 안고 온 듯

긴 세월 떨쳐온 명성
그 위세가 무색하다.

세월 지나 약해졌나
온난화 현상인가

대한이 놀러 갔다
동사했단 설화는

지구촌 이상기후에
서서히 묻혀간다.

우리집 호접란

수개월 탁자 위에 고운 자태 풍기면서
애지중지 눈 맞추며 교감한 귀요미들
자존심 지키는 꽃들
무촌이 된 명물이다.

내 살점 떨어지듯 툭 하고 던진 몸이
삼천궁녀 낙화인 듯 사뿐히 내려앉아
윤회로 다시 뵙겠다며
마른 웃음 짓고 있다.

빈 둥지

기나긴 인생 여정
꽃피워 맺은 열매

척박한 인생 밭을
기름지게 일궈가고

새 둥지 영롱한 별꽃들
무지개 빛 미래여라.

갈바람 헛헛해도
효심 가득 채운 둥지

둥지를 싸고 도는
파랑새의 날갯짓

수틀에 가득히 피운
마음밭이 훈훈하다.

유등천 겨울 냇가

멀리서 귀하게 온 유등천 철새 가족
다양한 패션으로 유유자적 노니는데
어느 날 불현듯 찾아든
검고 큰 가마우치.

자맥질 뽐내면서 뭇새들을 우롱하니
평화롭던 유등천의 물윤슬이 흔들린다
철새들 똘똘 뭉쳐서
불청객을 쫓는다.

송구영신

블랙홀 동굴 속에 찍찍대던 흰쥐야
마스크로 입 막고 경제를 파탄시킨
너의 죄 모른 체 하고
쥐구멍에 숨는구나.

지평선 저 너머로 붉은 태양 솟구치고
일상이 회복되고 코로나 박멸시킬
하얀 소 백신을 지고
언덕을 내려온다.

이국에서의 조우

호접난과 히야신스
우연한 만남이다

각자의 고운 패션
화려하게 차려입고

타국 땅 탁자 위에서
함께 만나 설을 맞다.

한국인의 꽃 사랑에
온종일 싱글벙글

호강하는 타국살이
미모로 보시하며

타향도 정들면 고향
동병상련 정겨웁다.

입춘

먼 산에 아지랑이

능선 따라 가슴 열고

동면에서 덜 깬 춘풍

채찍하는 선구자다.

산골짝 숨어있던 잔설

눈물 바람 날린다.

12월을 보내며

만감이 교차하는

하느녘 여정 길에

홀대해도 속수무책

먼발치 따라붙어

살며시 내 이름 꼬리에

또 한 획을 긋고 간다.

장자도 호떡

넙대대 촌스러운
데데한 존재인데

장자도 호순이는
꿀주머니 달았는지

호시절 지지 않는 인기
작은 섬의 꽃불된다.

해조음 들으면서
갈고 닦은 너의 내공

적적한 섬마을을
문전성시 이뤄주니

육지와 바다를 잇는
인간 교량 이룬다.

겨울의 길목에서

열정을 불태우던
한 시절을 뒤로 하고

매서운 눈빛으로
가을을 떠밀면서

삭풍을
몰고 오는 너
이름 없는 철새인가.

고운 옷 벗겨놓고
알몸을 더듬으며

눈보라 치는 겨울
혼자 갈 수 없다면서

성추행
아랑곳없이
손을 잡는 동행이다.

겨울눈의 심경

냉냉한 성깔이라 홀대하지 말아주오
온정에는 봄눈 녹듯 살갑고 여린 가슴
한겨울 알몸 노숙자
품어주는 백설 천사.

천상 님 명령하에 순천하며 걸어온 길
삭막한 지상 세계 설화로 피워내고
기꺼이 살신성인으로
생명수도 만든다오.

겨울나무 단상

인내와 끈기로 똘똘 뭉친 천의무봉
섭리에 순응하며 알몸으로 수양하여
어머니 품속 같은 대지
양탄자로 거듭난다.

삭풍은 시시때때 스킨십만 골똘하고
동장군 밤낮으로 살을 에는 질곡인데
천상 님 내린 밍크 이불
뼛속까지 푸근하다.

귀향의 사계

(봄)
이방인 고향길에 기지개 활짝 펴니
삭막한 대지 위에 올망졸망 피운 봄꽃
열두 폭 치마폭에 담고
춤사위로 풀어간다.

(여름)
성하의 작렬함도 뇌성번개 폭우에도
어머니 품속같이 품어주는 청풍명월
풍성한 결실 위한 침묵
인고로만 가꾼다.

(가을)
수채화로 가득 담은 초대형 화선지에
해님과 선들바람 마주잡고 그린 화폭
수만 폭 펼친 병풍에
백두대간 구비친다

(겨울)

열정으로 꽃 피웠던 한생을 뒤로하고
백설의 밍크 이불 굽이굽이 덮어가는
이 설야 백만 송이 눈꽃
열반여도 좋으리.

송년의 아쉬움

무의식 의식 세계 운필로 넘나들며
그대의 품 안에서 담금질한 시인의 붓
열두 폭 치마 위에다
그려놓은 꿈날였소.

사계를 일궈가며 땀흘려온 바람 걸음
마른가지 꽃을 피워 자갈밭에 알곡 맺은
장엄한 영육의 흔적
서산머리 물들였소.

5부

세월이 하는 말

송림 산림욕장

해조음 음악 삼고 해풍이 애무하니
귀한 집 도령같이 굴곡 없이 자란 해송
첫눈에 반한 나그네의
먼 발길을 잡는구나.

난쟁이 맥문동과 속궁합이 찰떡이다.
못 오를 높은 위상 향기 품어 애상하고
애동지 보약을 보시하여
임의 건강 지킨다.

초록마을 데크 길

강바람 산바람 정겨웁게 만나는

초록마을 쟁기봉 밑 오붓한 산비탈 길

미끈한 총각 비주얼

만리장성 쌓았다.

인적이 드문 곳에 백년생 버드나무

늘그막에 인복 터진 데크길의 종점 주인

명당이 맺어준 인연

아늑하게 누린다.

부여 팔경 예찬

부소산 저문 비는 계백장군 눈물이고
낙화암 두견새 구슬피 우는 소리
한많은 삼천궁녀들
한풀이 가락이다.

고란사 새벽 종소리 백제 왕조 여향이고
사뿐히 내려앉는 백마강의 저 달은
선녀가 하강하신 듯
비경으로 흐른다

백제탑 적신 석양 옛 영화를 회억하고
규암진 돌아가던 돛단배 난만한데
세월 강 저편에 잠자던
황포돛배 다시 온다.

수북정 구름같이 피어오른 물안개
춘풍을 즐기는 향춘객들 품어주고
기틈진 구룡 뜰 기러기 떼
풍요로움 찍어낸다.

여명

만상의 깊은 잠을
입김으로 깨워주고

찬란하게 빛날 하루
서막을 열어놓고

물안개 미명을 걷고
조약돌을 줍는다.

그리운 시절

앞산에 진달래꽃
온 동네가 향기 가득

냇가에 송사리 떼
고동이 깔렸던 곳

청보리 물결쳐오는
오월 하늘 노고지리.

밤이면 금가루로
산골 밤을 밝혀주고

소쩍새 부엉이는
숲속의 인기가수

소녀들 감성 멘토요
낭만의 밤 친구다.

음풍농월의 인생

구름 따라 바람 따라
흘러가는 인생의 길

온 세상 만물들을
붓 하나로 풀어내니

설핏 한 인생 여정에
별과 같은 동행이다.

세필로 이어가는
작은 붓놀림 속에

무량한 감성미학
펼쳐내는 글꽃 향기

여생을 동고동락 하며
시조가락 읊조린다.

아버지의 원두막

토끼와 담소하는
산기슭 작은 초막

바람 불면 쓰러질 듯
비가 오면 쓸려갈 듯

아버지 완강한 뚝심
끄떡없는 막사이다.

세월 지나 후배들과
담설을 나누던 중

복숭아 서리 경험
당연한 듯 깔깔대는

그 웃음 내 가슴에는
비수되어 꽂혀 왔다.

희망의 송가

눈보라 속에서도
매화는 꽃망울 맺고

눈 덮인 밭골에서도
보리는 얼굴 핀다

고통은 행복으로 가는
약속임을 잊지 말자.

인생행로 파도 높아
폭풍우 몰아쳐도

고요한 뱃길 순항
반드시 찾아오고

구름 뒤 밝은 태양은
함박웃음 안고 온다.

세월이 하는 말

바람 같은 존재이니 가볍게 살라 하고
구름 같은 인생이니 비우고 살으란다
인생은 유수와 같이 물 흐르듯 사는 거다.

사람도 꽃과 같이 피었다가 지느니
웃음을 잃지 말고 곱게 피어 지탱하라
어차피 흔들리는 삶
백일홍이 되어보라

각박한 현실이라 상처를 받지 말고
부대끼는 삶이라도 파도처럼 견디며
한 줌의 흙이 되려니
움켜쥐지 말고 살라

초등 동창 만남

수십 년 잊고 지낸 벗들을 해후하니
살아있어 고맙고 반가운 맘 한량없다
세월이 비켜 간 모습
듬직하다 노익장들.

장하다 인생 역전 황혼의 청춘들아
척박한 인생 밭을 묵묵히 갈아가며
알알이 쌓아온 결실
노을 젖은 누리여라.

보릿고개

온 산천 초록 주단
양탄자로 깔아놓고

산새 들새 바람 구름
모두 부른 잔치인데

먼발치 멍하니 앉은
내 시심은 보릿고개.

새봄부터 깨워주고
지어준 붓 필은

감성 먹물 벼루 밖을
못 나오고 맴만 도니

향기를 가득 담은 글 꽃
피워볼 날 있으려나.

정월보름 풍속

열나흘 달거리는 소원성취 이룬다고
몽당비 불붙여서 처녀총각 걷던 다리
세월에 사위어간 추억만
긴 하늘에 걸쳐있다.

할머니들 자식 사랑 거리 신에 의지하고
종지에 기름불 켜고 언 손을 비벼대며
자식들 금의환향을
성심으로 빌었다.

인생은 음악처럼

어릴 적 생체리듬
라르고로 시작해서

청년의 꽃길 인생
안단테로 흐르다가

중후한 중년 인생은
알레그로 리듬이다.

시간은 변함없이
한 템포로 흐르건만

인간의 감성 리듬
늙을수록 빨라진다.

비바체 프레스토로
달려가는 황혼녘.

별빛 같은 내 친구

삼장 육구 십이 소절 굳건한 너의 결집
겉으론 엄격해도 바다같이 넓은 품격
우주를 다 품어 안고 유람하는 문학 선비

꽃피고 새가 울면 네 품이 더 그리워
서정의 발 더듬더듬 내 감성과 버무려서
고당에 차곡차곡 쌓아
상재고개 넘어보자.

시조의 날개

광대한 삼라만상

묵필로 휘저으며

세월 지친 희로애락

백지에 초대하여

떨리는 손의 운필로

산천경계 길 잡는다.

뿌리공원
― 대전

잊히는 뿌리들을

자손만대 이어주려

선조님들 돌탑 놓고

가부좌 트셨으니

만성(萬姓)이 제 핏줄 찾으라

비(碑)에 새긴 뿌리공원.

6부

낮에 나온 반달

낮달

희미한 조각배가

가을 하늘 이고 간다

쪽빛으로 물든 창파

사공 없이 아슴아슴

산 넘어 석양의 고향

낙엽 한 잎 떠간다.

섶다리

죽장망해 삼배 도포 조상님들 가실 적에
꽃상여 주저앉아 못 간다 떼를 쓰면
상주들 눈물 봉투는
망자의 여비란다.

한 백 년 살자시던 선조님 그 언약이
칠십령 고갯마루 영원히 누울 줄이야
구슬픈 워낭소리에
섶다리도 울먹인다.

까마귀의 하소연

태고 적 신이 주신 고유한 예지능력
예고 없이 오는 불행 알려 주는 전령인데
편협한 적대감으로
홀대하니 서운탄다.

기쁜 일 전담 맡은 운 좋은 까치네들
천고의 행운조로 뭇사랑 독차진데
그까짓 배밭 사건으로
오명 씌워 서운탄다

외연도

태풍과 해일이 금세라도 덮칠 듯한
깊고도 넓은 창파 수호신이 보듬은 섬
몇 마리 갈매기 날갯짓
보물섬을 지켜낸다.

바다와 동고동락 한생을 바친 할매
짠바람 맞으면서 세월 포갠 흔적 크다.
육지를 그리워하며
숯덩이 된 가슴이다.

추억의 장항제련소

어릴 적 소풍지로
날개 달던 옛 명소

펄펄 끓던 용광로
검은 입김 간데없고

녹슬은 가슴 움켜쥐고
추억 달라 울고 있다.

세월이 앗아갔나
문명이 배신했나

북적대던 인파는
활동사진 속에 있고

혹여나 소생하려나
봉환 속에 빠진다.

토종닭의 하소연

잘난 것도 죄가 되나
사는 것이 고달프다

하루에도 몇 번씩
도계장에 왔다 갔다

속이고 속는 현실에
날갯죽지 접어둔다.

개똥밭에 굴러도
이승이 좋다 했나

살아도 산 게 아닌
바람 앞의 등불 신세

산기슭 초라한 하우스
줄초상을 기다린다.

낮에 나온 반달

해님이 물 깃다가

실수로 깬 쪽박인가

구름도 마실 가고

텅 비인 벽공 위에

아직도 못 갖춘 미모

귀향길이 멀구나.

백로의 고민

언제 봐도 멋진 신사

냇가의 귀골 손님

긴 목을 뺏다 넣다

세상을 둘러본다

허기를 면하기 위한 살생

체면 차리단 아사할 판.

탑정호 가는 길

충절의 계백장군 원한 서린 황산벌
백제군의 말발굽이 아득히 들려오고
무너진 왕조의 발자취
백제군사 박물관.

불현듯 해거름 속 걸어 나온 병졸들
다시금 일어나라 그 함성 들려오고
몸 바친 오천 결사대
원혼 잠든 호수여라.

백로와 까마귀

추위도 마다않는 조류들의 냇가 풍경
까마귀 노는 골에 홀로 앉은 하얀 새
신분을 망각한 백로
군계일학 꿈꾸는가.

세상이 변했는지 외로움에 지쳤는지
다 떠나고 혼자 노는 냇가의 귀한 선비
까마귀 애정 세례에
행복감에 취해있다.

선물

저무는 인생길에 분에 넘치는 호사다
퇴직 후 소일하며 힘겹게 얻은 농산물
꾸러미 꾸러미마다
뭉클한 감동이다.

각박한 현실 속에 자연이 준 훈훈한 정
언 땅도 녹일 듯한 저무는 날 우애의 꽃
시동생 내외분 온정
글꽃으로 간직한다.

유등천 경사났네

십수 년 청상으로 목을 빼던 재두루미
지조를 지키려는 고고한 너의 뚝심
그 오랜 결심을 깬 혼혈
희귀한 광경이다.

냇가 한켠 행복 둥지 백로와 화촉 동방
비혼의 외로움은 봄눈 녹듯 사라지고
단꿈에 푹 빠진 철새
병풍 속의 풍경이다.

고란사

부소산 푸른 정기 휘휘 도는 불국 정토
오롯이 백마강을 한 몸으로 품어 안고
구천을 떠도는 원혼
초대하여 재워준다

아침 해도 외면하고 달빛마저 움츠려도
왕의 숨결 깃든 약수 사비성을 적셔주는
바위틈 수줍은 고란초
백제 향기 영원하다.

풀꽃도 한이 서린 천년바위 낙화암엔
이따금 울어 대는 두견새 슬픈 연가
동자승 처량한 독경에
목울대를 접는다.

가신 님의 여운

백세 아직 창창한데
먼저 막차 타셨나요

토방엔 겸양지덕
세상엔 해학시조

임께서 뿌린 시혼이
가쁜 숨을 고릅니다.

저승길 가시기 전
세상과의 이별 연습

가로수 밑 벤치에 앉아
흔드시던 무거운 손

그때는 예사롭던 감정
애처롭게 떠오릅니다.

정녕 영영 가셨나요
임의 시조 낭랑한데

다시는 못오시나요
임의 모습 선연한데

평안히 가시옵소서
임의 시혼 함께하리다.

정지용 생가에서

한 수의 명시 속에
막연히 그렸던 님

후학의 나침판과
귀감이 된 시의 거목

인걸은 간데없어도
예술은 영원하다.

송아지 울음소리
지줄대는 산새 소리

시인의 감성 밭에
멘토로 다가와서

걸출한 문웅의 명작
쌓여있는 생가이다.

추억의 동화나라

희미한 등잔 밑에 꿈을 줍던 시골 소녀
산골 둥지 탈피해서 넓은 창공 그리던 밤
소쩍새 부엉이 뚜엣
내 감성의 멘토였지.

청보리 일렁이는 싱그런 이랑에는
까투리 포란으로 한 가족이 날개 달고
영롱한 산새들 선율
꿈동산의 샹그릴라.

작품해설

꽃과 음악과 인생의 앙상블

박헌오 시조시인, (전)한국시조협회이사장

　겨레의 얼이 담긴 전통 시조를 쓰는 일은 애국심의 발로이다. 진정으로 시조를 배우고 쓰는 사람은 결코 시조를 버릴 수 없으며, 시조 쓰기를 중단할 수 없다. 천년을 이어온 수많은 시조가 시조를 사랑하는 이를 사랑하기 때문이다. 잠시 반짝하는 재주로 기발한 시조를 쓰고 떠나는 바람둥이는 진정한 시조 시인이라 하기 어렵다. 오랜 시간 진심 어린 정성으로 시조를 사랑하고, 마음을 오롯이 담아내기 위해 노력하며, 시조가 정서의 핏줄을 타고 흐르는 것을 신념으로 느끼는 사람만이 믿을 만한 시조 시인이라 할 수 있다.

　기교가 다소 서툴더라도 시조를 진정으로 사랑하는 이의 작품은 남다른 감동을 준다. 수많은 이론을 동원해 멋과 맛을 이야기한다 해도, 뿌리 깊은 나무가 가진 진정성에서 우러나오는 보약 같은 시심은 본성에서 비롯된다.

이선희 시인은 언제나 고운 모습으로 착실히 참여하며 부드럽고 따뜻한 분위기를 이끈다. 손가방에 핸드마이크를 늘 챙겨와 낭송과 합평회에서 활력을 더한다. 조용하고 다정한 성품을 지닌 그는 음악을 좋아하고 노래도 잘해, 모두의 청으로 가끔 아름다운 노래를 불러 모임을 빛낸다. 옷깃 하나 흐트러짐 없는 지지 않는 꽃처럼, 깊은 사랑을 지닌 한국의 어머니 같은 모습으로, 꽃을 사랑하며 꽃같이 살아가고, 음악을 사랑하며 음악으로 사람들을 따뜻하게 감싼다.

사람마다 개성, 취향, 이상, 경험, 환경이 모두 차이가 있다. 이선희 시인의 첫 시조집 『인생은 음악처럼』에는 꽃이 가장 많이 등장한다. 그의 작품 속에는 향기로운 음악이 흐르고, 그윽한 미소와 간절한 마음이 스며 있다. 억지로 꾸미지 않고 진솔한 언어로 자신만의 시조 세계를 일궈가고 있음을 공감할 수 있다. 꽃과 음악, 그리고 시조가 조화롭게 어우러진 삶의 앙상블을 실감하게 된다. 그의 시조는 달콤한 조미료가 아닌, 자연의 맛을 그대로 살린 음식처럼 깊은 맛을 전한다.

이선희 시조집에 실린 시조들은 모두 일곱 묶음으로 다발 지어 피워 놓았다.

제1부 '풀어내자 꽃물결'이란 다발로 먼저 자신의 마음집 정원에 가득히 피어있는 꽃들을 소개해 준다. 매화, 개나리, 민들레, 이팝꽃, 목련화, 진달래 등등 봄의 꽃들이 정갈한 시조로 피어있다. 각 장에 꽃들이 등장하는데

일 년 내내 그침이 없는 꽃으로 춘하추동(春夏秋冬)을 1장에서 4장까지 (제2장 여름-향수의 기적, 제3장 가을-10월의 미학, 제3장 겨울-12월을 보내며) 장식하고 나서 제5장은 '세월이 하는 말'이란 다발로, 제6장은 '낮에 나온 반달'이란 제목으로 묶음 하여 작품을 싣고 있다.

  제1장에서 풀어내는 꽃물결은 거실에 가꾸는 꽃, 정원에 가꾸는 꽃, 뒷동산에 피어있는 꽃길까지 안내해 준다. 그 가운데 두 작품을 감상해 본다.

> 밤사이 베란다에 붉은 달이 떠 있다
> 어느 임 참한 정을 받아먹고 뜬 달인지
> 공작새/ 꼬리를 편 듯/ 섧도록 찬연하다.
>
> 수많은 날 정기 모아 피워 올린 사랑인데
> 이틀을 못 버티고 처연히 숙인 고개
> 해거름/ 아쉬워하며/ 화안시로 보시한다.
> ―「붉은 공작선인장」 전문

이선희 시인의 집안에서 가꾸고 있을 아름다운 꽃들이 상상된다. 그 꽃 가운데 화려하게 피어나는 공작선인장의 모습을 보면서 환희에 차올랐다가 불과 며칠 지나서 꽃이 지는 모습에 만감을 느껴 한 편의 시조 속에 압화로 접어놓은 모습이 느껴진다. 시조로 압화 되는 꽃은 그 정령(精靈), 그 향기, 그 기억과 꿈이 고스란히 지워지지 않는 존재로 남는 것이다. 개화의 그 순간을 위하여 얼마나 많은 날 정성 어린 보살핌을 받으며 기다렸을 것인가. 인생도 절정기가 있다. 그것이 얼마나 긴 기간일지는 모르지만, 그 존재의 의미가 시조로 담긴다면 똑같이 지지 않는 꽃으로 남아있을 수 있다. 열대의 오아시스에 피어있을 선인장이 이국에 와서 꽃을 피우는 것은 어느 고마운 분의 가족으로 사랑받고 살 수 있는 인연 때문이다. 그리고 한 편의 시로 다시 태어나 토착민이 되는 것이다. 해거름을 아쉬워하며 화안시(和顔施)로 보시하는 꽃은 행복하게 낙화한다.

> 잠자는 가슴 열어/ 새 희망 심어주고//
> 명품의 화폭으로/ 펼쳐놓은 구곡 병풍//
> 연인들 고운 손 잡고/ 예쁜 하트 날린다.
>
> 가끔씩 날개 젓는/ 벌 나비들 여유로움//
> 어느 임에 정을 줄까/ 미혹에 **빠진** 행복//
> 단심은 사치라면서/ 황사바람 훼방한다.
> ―「꽃들의 향연」 전문

꽃들은 모두 아름다운 가슴을 가지고 있다. 세상 사람들도 아름다운 가슴을 가지고 있어 살아갈 수 있고 아름다운 질서가 서고 아름다운 조화가 이루어진다. 시인은 많은 아름다운 꽃들을 가꾸면서 자연의 섭리에 순응하여 살아가는 지혜를 배운다. 꽃망울을 지니고 내일은 피어나리라는 희망을 품는다. 서로 어울려 사는 질서를 배운다. 꽃이 지면 또다시 인고의 세월을 살아갈 방법을 배운다. 꽃물결을 풀어내는 1부에서 많은 꽃이 등장하는데 시인은 그 하나하나의 꽃에 영원한 의미를 부여한다. 여기에 나타난 꽃뿐만 아니라 시인의 가슴에는 무량수의 꽃들이 모여 향연을 벌일 것이다. 시인 스스로 한 송이의 꽃이 되어 어울려 살아갈 것이다. 사람이 자연의 일부로 살아가면서 아름다운 자연으로 상생하는 것은 쉬운 일이 아니다. 말 없는 자연이 진정 상생의 동반자로 받아줄 수 있어야 함께 향연에 동참할 수 있다. 자연으로서의 시인이 자연의 마음에 물든 작품을 창작할 수 있다. 꽃과 벌과 나비와 시인이 서로 정을 나누며 불청객으로 오는 훼방객들을 이겨내는 의지가 담긴 깊은 시조이다.

제2부 '향수의 기척'은 계절로 보면 여름이다. 성하의 계절에 꽃들은 더욱 화려하게 피어나고 매미가 소리꾼으로 등장하고 새들이 모여들어 노래하며 시냇물 소리와 함께 오케스트라의 음악으로 여름의 시상을 연주한다. 시인은 그 소리들을 채록하여 작품을 쓰고, 음을 붙이고, 함께 노래하고자 끼어든다. 여기저기서 각양각색의 아름다운 꽃들이 고개를 내밀고 함께 노래하는 세상에 시인의 삶이 있다. 가장 아름다운 시인의 세상은 바로 고향이다. 고향 풍경 속에 하늘하늘 치맛자락을 날리며 노래하는 동화 속의 공주 주위에는 반딧불들이 춤을 춘다. 그리운 고향 풍경이 여러 편의 시조로 다가와 있다.

서산과 노을이 한 몸 되어 애무할쯤
초록의 물결 타고 처연히 귀에 젖는

옛 고향 숲속의 전속 가수/ 도심으로 영전했나.

코와 입 막고 사는 코로나 시대에도
나무를 타고올라 마스크 내던지고
마음껏 부르는 소야곡/ 실향민을 위무한다.
　　　　　—「향수의 기척—뻐꾹새」제1수, 제3수.

　언제나 고향은 옛 모습대로 옛 노래를 부르며 현재를 맞이한다. 시인은 도시에서 살아도 가슴에 고향을 안고 살아간다. 서산을 붉게 물들이는 저녁노을은 고향에서 쫓아와 시인의 앞에 고향 풍경을 자아낸다. 무성하게 우거진 고향의 숲속에는 뻐꾹새와 꾀꼬리와 소쩍새 등 온갖 새들이 노래를 불러준다. 새들은 시인이여! 왜 코와 입을 마스크로 막고 그렇게 답답하게 사느냐? 마스크 내던지고 숲으로 돌아와 마음껏 노래하고 즐겁게 살아가자. 마스크를 쓰고 전전긍긍하는 모습이 안타깝다고 위문하며 소야곡을 연주하는 새들의 모습은 고향에는 그대로 있겠지만, 도시에 사는 이방인은 꿈속에서 만날 것이다. 새들과 꿈속에서 나누는 정겨운 대화가 시심으로 찾아와 한편의 작품이 된다. 진정 작품 속에는 시인의 고향의 새들이 찾아와 있다. 꿈의 창문을 열고 시인은 답가를 부른다.

여름밤 칠흑 속에 춤을 추던 작은 별들
시골 밤 오솔길을 희미하게 밝힌 불빛
호기심 가득했던 유년/ 신기루의 개똥별.

> 하천과 습지에서 서식하며 빛을 내는
> 형광의 작은 불빛 소박한 개똥벌레
> 꽁무니 발광기 일어/ 축포처럼 태웠다.
> ―「추억의 반딧불」전문

 환경이 청정하던 시절에는 밤이면 밀집 방석을 깔고 누워있는 사람들 곁으로 반딧불이 날아오고, 하늘에는 쏟아질 듯 초롱초롱한 별들이 눈을 깜빡인다. 가로등 하나 없는 칠흑 같은 밤을 반딧불과 별들이 찾아와 놀아주고 지켜준다. 마치 축포를 날리듯 반딧불은 현란하게 날아다닌다. 지금은 환경이 잘 보존된 숲속의 개울가에 나가야 볼 수 있는 풍경이다. 시인은 단순히 그리움을 노래하는 데서 그치는 것이 아니다. 반딧불이 날아와 함께 할 수 있는 환경이 보존되기를 간절히 소망하면서 지금의 오염된 세상을 한탄하는 것이다. 시인의 마음에는 여전히 고향이 있고, 반딧불이 날아오는 냇물과 습지와 숲이 살아있다. 그래서 숨막히도록 오염된 세상에서도 시인은 고향의 시를 쓰면서 고향과 함께 살아간다.

 제3부 '10월의 미학'은 시인의 가을이다. 결실의 계절, 감사의 계절, 만산에 홍엽이 물들이는 계절, 길가에 코스모스가 하늘거리고 그리움이 홍시처럼 알밤처럼 익어가는 계절, 인생의 결실이 여물어가는 수확의 계절에 시인의 감성은 사방으로 분주하다. 보고 싶고 그리고 싶고 감사하고 싶은 가을의 서정적인 노래를 부르며 시인은

길을 걷고, 산을 오르고, 그리운 것들을 수습하여 아름다운 시조의 미학으로 정리하고 있다. 가을처럼 저물어 가는 인생을 붓질하고 있다.

> 해님은 입맞추고/ 바람은 애무하고
> 무지개 오색 다리/ 황금빛 나의 노년
> 비워야 아름답기에/ 잔고 없이 떠나련다.
> ―「황홀한 노년―단풍」 전문

 가을 햇살은 여물어 있고 가을바람은 사뭇 부드럽고 맑게 살갗을 스친다. 세상은 단풍으로 물들어 들판에서 산으로 산에서 하늘로 채색되어 있다. 시인의 인생도 가을임을 절감하며 가을 햇살에 입 맞추고, 가을바람에 애무하고 지금껏 탐내고 열정을 다 쏟으며 살았던 모든 것들을 다 비워아 떠날 것을 생각한다. 무르익은 정으로 세상을 물들여주고, 무채색으로 투명하게 떠날 영혼의 옷차림을 재단하고 있다. 그토록 화려했던 집착과 고뇌와 소유와 꿈들마저 훌훌 벗어놓고 떠나는 단풍잎처럼 날려가고 싶은 시인은 해탈을 지향하는 것이다.

> 설악에 첫 점 찍고/ 한라에 마무리한
> 산하를 휘달려온/ 운필의 가뿐 숨결
> 물결쳐 번져온 화폭/ 가을은 산수화 달인.
> ―「가을 붓질」 전문

 시인은 단풍으로 물든 산자수명한 이 강산을 사랑한

다. 그것은 시인을 탄생시키고 키워주고 사랑해준 어버이의 땅이기 때문이다. 그 누가 붓에 이토록 알록달록한 물감을 찍어 산천을 그려놓았을까. 시인은 붓을 들고 이토록 고운 가을 산하를 그려가는데 얼마나 붓질을 할 수 있을까. 시인이 붓을 들기도 전에 가을이 더는 덧칠할 수 없도록 채색을 해놓았다. 이제 남은 것은 시인 자신의 마음과 영혼의 세상에 가을 색을 칠하는 것이다. 이 또한 가을이란 산수화의 달인에게 가르침을 받아야 가능한 일이다. 가을 붓에 가득한 영감과 신기와 힘을 배우며 한없이 감사하고 있다.

제4부 '12월을 보내며'라는 시인의 겨울이다. 그리고 한 해를 마무리하는 계절이기도 하다. 지난 역사를 돌아보고 또 살아온 한해를 회고하는 계절이다. 시인은 멀리 백제시대를 돌아보며 백제용봉대향로를 쓰고 자신이 살아온 겨울을 회상하며 미명의 붕어빵을 쓰고 겨울이란 계절의 회상과 풍경을 생각하며 설화 미인과 겨울의 연가를 여러 주제로 연작하여 시조를 썼다. 특히 겨울의 연작으로 겨울의 길목에서, 겨울의 심경, 겨울나무 단상 등 의미 있는 시조를 여러 편으로 엮었다.

인적이 뜸한 곳에/ 초미니 하우스
넓은 강 마다하고/ 따뜻한 불판 위에
바삭한 몸으로 변신/ 착각한 붕어 운명.

세상을 몰랐으니/ 누구를 원망하랴

눈물을 머금은 채/ 방생하는 붕어 사업
어설픈 포장마차에/ 문전성시 이룬다.
―「미명의 붕어빵」 전문

 겨울은 가난한 사람들에게는 살아가기 어려운 계절이다. 그래서 포장마차를 만들어 거리에 나가서 빵을 구워 팔기도 하고, 오뎅을 따뜻하게 끓여 팔기도 하고, 군고구마를 구워 팔기도 한다. 곤궁한 생활이지만 그렇게 일하면서 보람을 느끼기도 하고 때로는 눈물을 흘리기도 한다. 시인은 이 장면을 회화하여 붕어빵을 파는 변두리 마을 입구로 안내한다. 붕어의 모양으로 빵을 구웠으니 붕어빵인 것이다. 강에서 살아야 할 붕어가 여기 포장마차에서 빵으로 변신하여 세상을 헤엄치고, 사람의 몸속에 방류되는 운명을 선택한다. 그것이 꿈이었다면 잘못 따라와 눈물을 머금을지라도 문전성시를 이루니 인기는 그만이다. 세상을 착각으로 살아가며 한번 웃어본다. 속는 줄 알면서 '붕어빵'을 불러준다. 그리고 추억 속으로 붕어가 헤엄쳐 온다. 어릴 적에는 아버지가 퇴근하며 사다주던 한 봉지의 붕어빵을 기다렸다. 눈을 맞으며 들어오신 아버지가 따뜻한 호주머니에서 꺼내주시는 붕어빵은 반가운 손님이었다. 상징적으로 겨울의 향수를 그려낸 시조이다.

열정을 불태우던/ 한 시절을 뒤로 하고
매서운 눈빛으로/ 가을을 떠밀면서

삭풍을/ 몰고 오는 너/ 이름 없는 철새인가.
　　　　　　　　　　　―「겨울의 길목에서」 2수 중 제1수.

냉냉한 성깔이라 홀대하지 말아주오
온정에는 봄눈 녹듯 살갑고 여린 가슴
한겨울 알몸 노숙자/ 품어주는 백설 천사.
　　　　　　　　　　　―「겨울 눈의 심경」 2수중 제1수.

인내와 끈기로 똘똘 뭉친 천의무봉
섭리에 순응하며 알몸으로 수양하여
어머니 품속 같은 대지/ 양탄자로 거듭난다.

삭풍은 시시때때 스킨십만 골똘하고
동장군 밤낮으로 살을 에는 질곡인데
천상 님 내린 밍크 이불/ 뼛속까지 푸근하다.
　　　　　　　　　　　―「겨울나무 단상」 전문

　젊은 시절 방황과 갈애(渴愛)로 떠돌다가 찬바람이 눈발을 몰고 오는 겨울에 이르러 안주할 곳을 찾는다. 동반자의 차가운 어깨에 기대어 보기도 하고 슬쩍 오버 주머니에 손이라도 넣어보고 싶은 충동도 느낀다. 많은 젊은이가 첫눈 오는 날의 추억을 가지고 있다. 창 앞에 서 있다가 눈발이 날려오면 거리로 나서고 싶은 충동을 억제할 수 없다.
　추상(秋霜)같다는 말이 있다. 가을 끝에서 겨울에 접어들며 찬 서리를 맞이하면 엄격하고 냉정한 분위기가 된다. 삭풍이 불고 눈보라가 몰아치면 눈물 흘리고 돌아설 것 같지만 차갑다 해도 눈은 왠지 따뜻한 느낌을 준다. 마치 아버지의 엄격한 말씀 속에 사랑이 감추어져 있는 것 같이 말이다. 눈은 알몸의 나무들을 모두 품어주고 뿌리만 앓고 있는 흙 위에 덮여 봄이 오기까지 참고 기다리라 다독이는 모습이다. 눈이 덮여 겨울은 삭막하지 않다. 시인은 눈의 마음을 백설의 천사라고 말하고 있다.

겨울나무 단상은 대지를 덮어주는 눈은 어머니의 품속이 되고 양탄자를 깔아놓은 그것같이 눈부신 궁전이 된다. 삭풍은 홀딱 벗은 나무 곁으로 다가가 몸을 비비적거리는데 하늘이 밍크 이불을 내려주어 나무들이 뼛속까지 푸근하게 견딜 수 있다. 하늘이 내린 만나와 같이 신비로운 눈의 은혜 또는 가피를 느낄 수 있어 겨울을 이길 희망과 용기와 믿음이 감도는 것이다. 세상에서 특히 겨울을 맞아 얼어 죽을 것만 같은 노숙자들의 눈에도 눈이 오면 포근함을 느낄 것이다. 외롭고 어려운 사람들이 반드시 물질로만 구원을 받는 것이 아니라 한마디의 말, 한 줄의 글, 멀리서 울려오는 종소리, 마주치는 사람들의 자애로운 눈빛만으로도 위로를 받고, 용기를 얻고, 살만한 세상이란 믿음을 가지게 될 것이다. 시인은 겨울의 눈보라 속에서 많은 생각을 가지는 것으로 보인다.

제5부 '세월이 하는 말'에 모아 엮어놓은 시조는 주로 시인이 가진 추억, 회상, 뉘우침, 그리고 그리움이 옷고름을 푸는 것이다. 그 동산으로 나가면 오랜 세월 함께 해 왔으나 여전히 변함이 없는 송림의 세월, 자갈길이거

나 황토길이었던 오솔길을 편히 걸을 수 있도록 조성된 데크길의 산책, 그리운 시절 함께 소풍했던 부여 팔경, 아버지의 원두막. 그리고 떠오르는 궁금한 친구의 얼굴, 어쩔 수 없었던 수많은 이별의 아픔, 그리고 그 시절에 겪은 배고픔과 먼 길을 걷던 학교길, 그 세월을 안고 밤하늘에 돋아나는 별과 같은 말들, 소녀의 가슴에 울려오는 소야곡, 한없이 쓰고 싶은 시어들의 자리를 허락해서 엮어놓은 시조들을 읽으면서 이선희 시인의 심상에 들어설 수 있다.

특히 음악을 사랑하는 시인의 고향에서는 음악을 따라 흐르는 시인의 인생을 느낄 수 있다.

온 산천 초록 주단/ 양탄자로 깔아놓고
산새 들새 바람 구름/ 모두 부른 잔치인데
먼발치 멍하니 앉은/ 내 시심은 보릿고개.

새봄부터 깨워주고/ 지어준 붓 필은
감성 먹물 벼루 밖을/ 못 나오고 맴만 도니
향기를 가득 담은 글 꽃/ 피워볼 날 있으려나.
―「보릿고개」전문

놀랍게도 이 시조의 제목인 보릿고개는 어려웠던 시절의 오뉴월에 굶주림을 건너가던 이야기가 아니다. 진실로 보리 물결을 바라보며 산새 소리를 듣고 구름이 잠긴 물그림자를 들여다보며 느끼는 바가 많은데도 불구하고 시를 쓸 수 있는 시심이 가뭄을 타서 몸부림치는 궁상이다. 흔히 시인들은 절경을 바라보면 바로 감동적인 작품이 써질 것으로 생각하다가도 막상 감상문 같은 글귀밖에 떠오르지 않아 부대끼는 경우가 종종 있다. 시는 시적 감각을 느낀다고 바로 써지기보다는 상당 기간 그 이미지의 숙성기간을 거쳐야 비로소 시어로 전환되는 것이 일반적이다. 시조를 쓰고 싶은 생각은 간절하지만, 그 현장에서 느껴지는 격한 감동들이 바로 시가 되지 않는다. 많은 연구서가 제시하는 것은 그 시점에는 철저하게 메모를 하는 것이 중요하다. 그리고 사색의 시간, 시적 정서화의 시간이 필요하다. 시인이 오히려 시를 쓰고자 하는 간절한 욕망과 시가 바로 나오지 않는 갈등을 직접 언급한 것 자체가 한편의 진술한 시조가 되었다. 시인의 메모는 씨앗과도 같아서 감성의 밭에 뿌려두면 봄을 맞아 새싹을 틔우고 꽃을 피울 것이다. 그러한 경험이 쌓여서 숲이 될 것이다.

> 어릴 적 생체리듬/ 라르고로 시작해서
> 청년의 꽃길 인생/ 안단테로 흐르다가
> 중후한 중년 인생은/ 알레그로 리듬이다.
> 시간은 변함없이/ 한 템포로 흐르건만
> 인간의 감성 리듬/ 늙을수록 빨라진다.
> 비바체 프레스토로/ 달려가는 황혼녘.
> ─「인생은 음악처럼」 전문

음악공부를 하지 않은 사람은 전문적 음악용어들이 생소하게 느껴질 것이다. 이선희 시인은 워낙 음악을 좋아하기 때문에 음악용어를 빌려 절묘한 이 시조를 쓸 수 있었을 것이다. 용어의 질감을 정확히 느낄 수는 없으나 사전적 용어 해석을 빌려 이해를 돕고자 한다. 누구나 어릴 때는 왜 이렇게 나이를 먹지 않는지 모르겠다는 생각을 하게 되는데 '라르고'라는 용어로 해석했다. 즉 매우 느린 속도로 폭넓게 연주하라는 말이다. 젊어서는 그보다는 덜 조급하지만, 안단테 즉 소나타 형식에서 느린 속도로 연주하는 악장에 해당한다, 그러다가 중년을 넘어서면서 알레그로 리듬 즉 뛰는 것처럼 **빠르게** 또는 활발하게 연주하라는 말과 같이 왕성하고 활발하고 속도감 있게 일에 매진하며 살게 됨을 음악적 용어로 설명하고자 함이다. 그리고 나이가 들수록 점점 더 빨라져서 비바체 즉 아주 **빠르고** 활발하며 생기있는 연주의 속도, 프레스토 역시 아주 **빠르게** 연주하라는 말을 빌려서 인생의 흐름을 설명하고 있다.

  흔히 세월이 흐르는 속도는 나이와 비례한다고 한다. 10대에는 시속 10km로 가던 것이 50대에는 50km로, 70대에는 70km로 간다고 하는 말과 일맥상통한다. 그러나 음악적 용어를 대입시킴으로 예술적 감성으로 즐겁게 감상할 수 있는 것으로 이해된다.

> 광대한 삼라만상/ 묵필로 휘저으며
> 세월 지친 희로애락/ 백지에 초대하여
> 떨리는 손의 운필로/ 산천경계 길 잡는다.
>
> —「시조의 날개」 전문

이선희 시인이 시조에 대해서 얼마나 깊은 애정을 가지고 좋은 시조를 쓰기 위해서 절치부심하고 있는지를 표현한 단시조이다. 실로 시인은 한 자루의 붓을 들고 광대한 이 세상의 무량한 삼라만상을 써 내려가고자 하는 거리가 얼마나 무한하랴. 새들이 공중을 나르듯이 그 길은 넓게 열려 있다. 그러나 땅으로 가자면 발이나 차륜이 필요하고, 공중으로 가자면 날개가 필요하고, 바다로 가자면 돛대도 삿대도 있어야 한다. 백지에 한 획의 운필을 한다 해도 그 차원이 천차만별이다. 그러나 붓을 잡은 이상 획을 그어야 한다. 백지는 한없는 여백이다. 긋고 또 그으며, 칠하고 또 칠하여 자신의 시조 세계를 형상화 시키고자 한다. 더욱 힘찬 날개를 달고 멀고 높이 날아가기 위하여 노력한다. 고진감래(苦盡甘來)라 하였듯이 땀 흘려 노력한 만큼 올라갈 수 있게 된다. 인과응보(因果應報)라 하였듯이 진정으로 살아가며 덕을 쌓고, 문학의 길에 정진한 만큼 열매를 맺게 된다. 이선희 시인의 한결같은 마음으로 소망하는 바가 이루어져 시선(詩仙)이 되기를 기대하고 응원한다.

 제6부 '낮에 나온 반달'은 자연과 상생하며 살아가는 실생활과 관련 있는 시조들이다. 유등천이 내려다보이는 마을에 살면서 수시로 유등천을 산책하며 만난 새들과 이웃들과 풍광을 노래한다. 시조를 쓰면서 토방시조 동인들과 함께 문학 기행을 다녀온 여행담을 여러 편의

시조로 담아내고, 이제 어머니로부터 물려받은 어머니의 자리를 다시 물려준 할머니가 되어 바라보는 세상의 모습과 애지중지 키워낸 자녀들의 떠나고 스스로 빈 둥지가 되어가는 삶을 시조로 형상화 하였다.

희미한 조각배가/ 가을 하늘 이고 간다
쪽빛으로 물든 창파/ 사공 없이 아슴아슴
산 넘어 석양의 고향/ 낙엽 한 잎 떠간다.
―「낮달」전문

달이란 밤하늘에 떠올라야 제물에 있어 성성하고 자연스러워 보인다. 많은 시인이 낮달이란 제목으로 시를 쓰는데 대부분 외롭고 애처롭다. 제 빛을 낼 수 없는 하늘에서의 달은 창백해 보이고, 별도 없는 하늘에 떠가는 달은 외로워 보인다. 화려하게 많은 가족과 친구와 동료들과 지내던 때는 어려웠어도 돌아보면 외롭지 않았고 행복했고 보람이 있었다. 자녀들이 다 분가하여 떠나면 부부만 남아 살아가게 되고, 벗들도 각자 갈 길로 떠나 만나기 어렵고, 직장을 퇴직하고 나니 동료들과 연락을 주고받는다는 것도 녹록지 않다. 텅 빈 하늘을 이고 가는 조각배, 사공도 없이 창파를 헤쳐가는 쪽빛, 부모님의 산소가 내려다보이는 고향 하늘을 물들인 노을 속으로 낙엽이 되어 떠가는 모습은 애절하기 짝이 없다.

십수 년 청상으로 목을 빼던 재두루미

지조를 지키려는 고고한 너의 뚝심
그 오랜 결심을 깬 혼혈/ 희귀한 광경이다.

냇가 한켠 행복 둥지 백로와 화촉 동방
비혼의 외로움은 봄눈 녹듯 사라지고
단꿈에 푹 빠진 철새/ 병풍 속의 풍경이다.
―「유등천 경사났네」 전문

  예로부터 배산임수(背山臨水)라 하였는데 이선희 시인이 사는 마을은 쟁기봉을 등에 두르고, 유등천을 앞으로 바라보는 살기 좋은 마을이다. 대부분의 주민이 가끔은 산에 오르기도 하지만 일과처럼 유등천 둔치에 마련된 길을 산책한다. 유등천은 연중 물이 마르지 않고 둔치를 잘 가꾸어 놓아 산책하기에 아주 좋은 환경이다. 이곳을 산책하면서 청둥오리, 왜가리, 백로, 수달, 물새 등 여러 가지 철새들을 만난다. 다리 긴 백로와 재두루미와 왜가리들이 서로 정답게 살아가는 모습을 보면서 어느 날 단꿈에 빠진 철새를 목격한 모양이다. 그 철새들이 어떤 가정을 이루고 있는지는 과학적으로 입증할 일은 아니다. 시인의 눈에는 아마도 비혼의 동거에 들어가 사랑을 나눈다고 느낀 것으로 보인다. 만남만으로도 외로움은 덜어지고 위로를 받는다. 다정히 만나 따뜻한 눈빛을 나누는 것도, 환한 얼굴을 마주하는 것도, 다정한 말을 주고받는 것도, 어울려 아름다운 몸짓으로 대하는 것도 모두가 보시(布施)이니 부처님께서는 이런 일을 무재보시 즉 물질을 나누지 않아도 충분한 보시가 되고 덕화가 된다고 하였다. 그 모습을 보는 시인은 더욱 큰 기쁨을 얻으리니 수혜자가 된다. 살기 좋은 곳에서는 바로 이런 횡재가 있다.

> 기나긴 인생 여정/ 꽃피워 맺은 열매
> 척박한 인생 밭을/ 기름지게 일궈가고
> 새 둥지 영롱한 별꽃들/ 무지개 빛 미래여라.
>
> 갈바람 헛헛해도/ 효심 가득 채운 둥지
> 둥지를 싸고 도는/ 파랑새의 날갯짓
> 수틀에 가득히 피운/ 마음밭이 훈훈하다.
> ―「빈 둥지」 전문

 나이가 들면 앞길 보다 지나온 날을 더 생각하게 된다. 지나온 날은 누구에게나 아름답고 그립고 고마운 날이다. 갈대꽃처럼 꽃이 피어 열매를 맺으면 바람을 타고 날아간다. 멀리 날아가 꽃을 피운 인생 밭이 더욱 기름진 곳이다. 새 둥지를 찾아가 반짝이는 영롱한 별들을 바라보며 텅 빈 집에서 늙은 부모는 기도하리라. 감사의 기도, 자식들과 손자들이 잘살아가기를 소망하는 기도, 그리고 그 기도가 이루어질 것을 굳게 믿는다. 마음 꽃은 수틀에 가득 피어난다. 저승에 가신 부모님께도 물려주신 가통을 잘 이어받아 자손들을 잘 키웠노라고 보고한다. 빈 둥지에는 기쁨과 사랑과 믿음이 가득 차오른다. 빈 둥지는 아무것도 없는 공간이 아니라 꿈과 향기가 가득 차 있는 공간이리라. 섬기는 분이 계신다면 그분의 뜻으로 가득 찬 둥지가 되리라. 고승 가운데 만공(滿空) 스님이 계시다. 선(禪) 불교를 부흥시킨 분이시다. 비움으로 가득 찬 세상을 뜻한다. 빈 둥지는 보이지 않는 마음을 가꾸고 꽃피우고 나누는 둥지일 것이다. 거기에는 시심이 가득 차 불멸의 시조들이 피어날 것이다.

 한 세상 성실히 살아온 이선희 시인이 이제 여생을 차분히 정리하며 시조를 벗 삼아 위로를 얻고, 다시 그 위로를 문우와 가족, 그리고 수많은 독자들에게 나누고자 한 마음으로 한 권의 시조집을 엮어낸 것을 진심으로 축하드린다. 이 시집에 수록된 시편들은 뿌리내린 자리마다 꽃을 피우고, 귀 기울이는 이에게는 노래가 되어 흐르며, 마음을 열어 품는 이에게는 따스한 사랑으로 스며들 것이다. 100편이 넘는 작품을 정성껏 담아낸 이 첫 시조집은 꽃과 음악, 그리고 인생의 깊이가 어우러진 앙상블이다. 시인의 진심과 성실함이 한 편 한 편에 배어 있어 독자에게 잔잔한 울림을 전한다.
 이선희 시인이 앞으로도 전통을 계승하는 빛나는 시조 시인으로, 찬란한 시조의 별이 되기를 기원하며 이 해설을 맺는다.

― 버드내 태평고을에서 다울 박헌오

이든시인선 164

인생은 음악처럼

ⓒ 이선희, 2025

발행일　2025년 8월 27일
지은이　이선희
발행인　이영옥
펴 낸 곳　도서출판 이든북
출판등록　제2001-000003호
주　　소　대전광역시 동구 중앙로 193번길 73
전화번호　(042)222-2536 | 팩스(042)222-2530
전자우편　eden-book@daum.net
카　　페　https://cafe.daum.net/eden-book
공 급 처　한국출판협동조합
　　　　　　전화 (02)716-5616　(031)944-8234~6

ISBN 979-11-6701-363-7 (03810)
값 11,000원

* 이 책의 판권은 지은이와 이든북에 있습니다.
* 이 책 내용의 전부 또는 일부를 재사용하려면 반드시
  양측에 서면 동의를 받아야 합니다.

* 본 도서는 『한국예술인복지재단』의 후원으로 발간되었습니다.